Herstellung und Verlag: BoD – Books on Demand, Norderstedt
ISBN: 9783752887549

Sangha

Gedichte

Die Sangha ist ein Ort der Begegnung. Menschen, die auf der Suche nach der praktischen Wahrheit von Buddhas Lehre sind, finden sich dort zusammen, um gemeinsam den achtfachen Pfad zu beschreiten. Die Sangha gilt als eines der drei Juwelen. Doch das erfasst ihren Wert nicht im geringsten: Denn alle Juwelen der Welt sind nicht so wertvoll für die Menschheit wie die Sangha des Buddha-Dharma. Sie ist ein Ort, an dem Mitgefühl, Frieden und tiefe Weisheit kultiviert werden. Lasst uns dem Buddha Shakyamuni dankbar sein für das Geschenk der Sangha.

Lyrische Sangha

Sanghagedichte!

Gedichte aus der Sangha,
Für die Sangha, über die Sangha.

Wir sind
In der Sangha.

Wir sind
Zusammen.

Wir sind
Vereint.

Wir sind
Dharma.

Und wir danken
Buddha!

Glückstreffen

Tatsachen
Fakten
Und Logik.

Schön und gut.
Auch Buddha nutzte
Wahrheit und Logik.

Doch Buddha wollte mehr
Für uns Menschen.
Buddha wollte, dass wir
Menschen glücklich werden.

Buddha erfand die Sangha.
Buddha pflegte die Sangha.
Buddha heiligte die Sangha.

In der Sangha zählen mehr
Als Logik und Fakten.
In der Sangha geht's
Um Mitgefühl und Vertrauen.
In der Sangha geht's
Um Güte und Altruismus.
Die Sangha strebt nach dem Glück
Ihrer Mitglieder.

Buddhas Traum

Ein Schutzraum,
Das war Buddhas Traum
Für die Sangha.

Ein Ort der Güte
Mit lebendigem Mitgefühl,
Dafür steht die Sangha.

Streit,
Der mit Harmonie und
Vergeben beigelegt wird.

Neid,
Der durch Buddhas Weisheit
In Gemeinschaft verwandelt wird.

Leid,
Dass durch vier Wahrheiten
Transzendiert wird.

Buddhas Traum
War die Sangha aufzubauen
Für alle Lebewesen.

Eine Sangha

Eine Sangha
Ist für dich da

Eine Sangha
Lehrt, was ist wahr

Eine Sangha
Ist deine Heimat

Eine Sangha
Ist der Ort der Freiheit

Eine Sangha
Ist dir nah

Eine Sangha
Ist der Ort
Der lebenden Buddhas

heilen

Schutzraum
Vor den Stürmen
Der Welt

Stress im Job
Böser Boss
Viele Rechnungen
Tausend Gebrechen

Die Welt ist hart
Mein Herz ist weich
Ich brauch einen Ort,
Der mich heilt

Meine Sangha ist
Mein Refugium
Meine Sangha ist
Die Rettungsinsel
Meine Sangha ist
Der Fels in der Brandung

Zusammen sitzen

Sitzen
Gemeinsam
Schwitzen
Vom Job
Zittern
Vor Stress

Sitzen
In der Gruppe
Geteiltes
Leiden
Und weltliche
Sorgen

Sitzen
Und sich
Erheben
Über den Kummer
Der Welt
Sitzen
In der Sangha

Geborgenheit

Zuflucht suchen
Und finden
In der Sangha.

Geborgenheit reift
Im spirituellen Kreis
Der drei Juwelen.

Harmonie gebiert
Den wahren Frieden
Konzentriert auf dem Sitzkissen.

Freiheit heilt
Und befreit
Unheilsames Karma.

Tage in der Sangha
Machen das Gefühl wahr,
Dass wir bald erwachen.

Orte

Wir alle suchen diesen Ort, an dem wir uns sicher und geborgen fühlen. Wir alle brauchen ein Refugium. Auf der Suche nach diesem Ort landen wir alle früher oder später im Zengarten: Gerade Formen und Perfektion und der tiefe Sog hinter die sichtbare Welt. Wir alle brauchen einen Rückzugsort. Wir brauchen ihn, da uns die Welt den Lebenssaft aussaugt. Am Ende landen wir alle früher oder später in einem dieser legendären Meditationszentren und lernen das Sitzen neu: Tiefe Atemzüge, das heilige Halblächeln und der Blick nach innen. Wir alle träumen von einem Zufluchtsort. Er schützt uns vor den Stürmen der Welt. Er ist der Fels in der Brandung, der die Flut aufhält. Dann finden wir früher oder später die drei Juwelen und verstehen, dass sie der sicherste Ort auf allen Planeten sind.

Zweifache Sangha

Die Sangha wurde mein zuhause.
Zweifache Sangha.

Der Tempel erster.
Die Bodhisattvas zweiter.

Überall verbunden
Durch das spirituelle Tor.
Mystisches Band.
Höchste Lehrerschaft.

Die Sangha bleibt,
Wohin ich auch gehe.

Das Tor in mir.
Die Weisheit ferner.

Immer verbunden
Mit dem Sanghaband.
Immateriell. Unbewusst.
An den Grenzen der Bedingtheit.

Allein

Allein und einsam.
Zwei Samen reifen.
Der Kummer und
Die Weltflucht.

Allein aber niemals einsam
In der Mönche Reihen,
In der Nonnen Reihen.

Buddha meditierte allein,
Aber er war nicht einsam.
Eins war er mit der Welt.
Eins mit dem Nirwana.

In der Sangha sitzt du allein,
Aber wirst nie einsam sein.
In der Sangha atmest du allein,
Doch keiner atmet einsam ein.

Endlich wieder

Endlich kann ich wieder frei atmen. Zu lange ging der Atem durch meine Nase, kroch in meinen Bauch und erzeugte Schmerz. Der Grund war Stress. Es war eine Kaskade an Stress. Es war ein Netz, dass in jeder Masche neuen Stress erzeugte: ob im Job, in der Beziehung zuhause, selbst im Schlaf. Ich war sein Sklave. Ich lebte unter seinem Joch und hing an der Kette des Stresses.

Endlich kann ich wieder frei atmen. Ich fand diesen Ort, nachdem ich überall Hilfe suchte. Ich machte Sport und versuchte zu malen. Ich ging zur Therapie und zu einer Selbsthilfegruppe. Es war nett. Es war schön. Aber der Stress ging nicht weg.

Endlich kann ich wieder frei atmen. Hier an diesem Ort, den der Glatzköpfige Sangha nannte, bekam ich ein Geschenk. Ich kam ein paarmal und wollte schon wieder aufgeben. Doch dann nach diesem einen Mal meditieren, ging ich nach Haus und da war nichts. Da war kein Stress: Zum ersten Mal seit einer gefühlten Ewigkeit war der Stress weg.

Sangha-Familien

Klein und zart
Geboren in
Einer harten Welt.

Jung und naiv
Unter Wölfen
Mit scharfen Zähnen.

Dakini und Guru.
Buddha und Gefährtin.
Tantrisches Gewebe.

Die Sangha-Familie schützt
Und bietet uns eine
Sichere Gemeinschaft.

Die Sangha-Familie bewahrt
Uns vor der harten
Realität.

Alter Kreis

Es schneit
Und der Wind schneidet
Scharf in mein Gesicht.

Um die große Stupa
Weht ein kalter Wind
Und doch gehe ich
Im Kreis mit meiner Mala.

Altes Haus und
Undichte Fenster.
Dicke Decken retten mich.

Nur ein Kissen
Und gute Freunde
Und der Tee nach
Dem Meditieren.

Schutzraum

Alle Wege führen
Am Ende zu diesem Baum:
Bodhibaum.

Alle Leben führen
Am Ende zu diesem Raum:
Meditationsraum.

Alle Hoffnung
Findet ihre Krönung
In diesem Raum:
Sangharaum.

Alle unsere Lieben
Finden Schutz
Bei den drei Juwelen.

All unser Glück
Wächst ins Grenzenlose
Im Nirwana.

Warum?

Warum erschuf der Buddha die Sangha?

Fragt euch das?
Glaubt nicht es war aus Macht
Oder weil er Einfluss begehrte.
Wenn ihr das glaubt,
Dann versteht ihr den Sinn nicht,
Weswegen er lehrte.
Er schuf die Sangha für euch,
Falls ihr aus der Welt des Leidens
Rauswollt!

Er schuf die Sangha für dich,
Falls du suchst nach dem
Rettenden Licht.
Er schuf die Sangha als Schutz.

Er schuf die Sangha als Zuflucht.
Für dich und für jedes
Leidende Wesen!

Hier drinnen

Die Welt da draußen
Ist hart, kalt und
Ungerecht.

Ich suchte einen Ort,
An dem Mitgefühl zählt.
So fand ich die Sangha
Und lernte den Dharma
Und nahm Zuflucht zum Buddha.

Ich weinte und greinte
Über mein Leben.
Ich verzweifelte am
Zustand der Welt.
Dann fand ich etwas,
Das mein Herz berührte.
Dann lernte ich etwas,
Das meine Wunden kühlte.
Und ich nahm Zuflucht
Zu den drei Juwelen,
Denn sie retteten
Mein kleines Leben.

Heilige Orte

Heilige Orte.
Magische Kraftquellen
Verteilt über die
Ganze Erde.

Der Ort der ersten Sangha:
Shakyamunis erste Lehrrede,
Als er das Rad der Lehre
Zu drehen begann.

Der Ort der Erleuchtung:
Zentrum des Überweltlichen.
Dort wo alle Götter zusammenkamen,
Um sein Erwachen zu bezeugen.

Der Ort des Parinirvana:
Sein letzter heiliger Atemzug.
Seine letzten Worte und
Seine Verbrennungsstätte.

Der Ort seiner Geburt.
Die heilige Mutter gebar
In ihren letzten Lebenstagen
Das heiligste Leben.

Weltflucht

Ich gebe auf.
Bauchschmerzen.
Kopfschmerzen.
Stress.
Ich laufe weg!

Aber wohin?
Ich fand die Sangha.
Ich fand den Buddha.
Ich lernte meditieren.
Ich lernte mir selbst
Zu vergeben.

Ich gab auf.
Doch ich begann neu.
Sravaka. Hören.
Ich lauschte dem Klang
Alter Dharmaworte und fand
Eine neue Welt.

Der Job stresst noch immer.
Mein Chef ist immer noch
Ein fieses, rassistisches Arschloch.
Aber ich kann Zuflucht nehmen,
Wann immer ich will
Und wenn gar nichts mehr geht
Und ich endlich versteh,
Dass Samsara nur Leiden bringt:
Dann werd ich Mönch!

Essenziell

Dharmapfade.
Wahre Tage
Im Kreis
Meiner Sangha.

Buddhawege
Und magische Wesen
Aus alter Zeit
Wie die Bodhisattvas.

Karmasage über
Das was kommt und geht.
Wahre Geschichten
In der Wandelwelt.

Nirvanawaage
Im leeren Weltall.
Erloschen ist das Leid
Und die Vergänglichkeit.

Bodhisattvaschule
Geboren in dunkler Nacht
Beim neuen Grab.
Zeugenschaft.

Heiliger Raum

Karmisch gereinigter Raum.
Ein Mönch fegt und
Die Dharmaschwester
Ordnet das Blumengesteck.

Ein Fisch aus Holz steht
Neben einem riesigen Gong.
Räucherstäbchen weben
Rauch im ganzen Raum.

Karmisch gereinigter Raum.
Heilige Atmosphäre
Heilt die kranke Seele
Und schenkt Geborgenheit.

Ein Stück neue Geschichte
Wächst in mir heran.
Ein Stück Heiligkeit
Schenkt mir dieser Raum.

Die Sangha ...

Die Sangha
Als Heim.

Die Sangha
Als Zuflucht.

Die Sangha
Als Paradies.

Die Sangha
Als Himmel auf Erden.

Die Sangha
Als Eingang ins Nirvana.

Die Sangha
Als Ort für die ganze Familie.

Die Sangha
Als Schutz deines Herzens.

Buddhas leuchtender Berg

Ja ich gestehe es dir und der ganzen Welt, der Stress, die Sinnlosigkeit und Kälte unserer Gesellschaft ist mir zu viel. Nimm das als mein Armutszeugnis. Denn ich bekenne es, zu arm zu sein an emotionaler Ignoranz und arrogantem Kalkül. Deshalb bin ich geflohen und sitze jetzt hier.

Vor mir steht eine chinesische Nonne und rezitiert alte Texte in einer Sprache, die ich nicht verstehe und doch fühle ich mich hier mehr zuhause als dort draußen, wo ich nur eine lange Steuernummer mit Adresse und Bankkonto bin. Fremd ist mir diese Kultur und doch sind die goldenen Buddhastatuen mir mehr Heim geworden als die Menschen auf meiner Arbeit. Obwohl ihre Ohren aus Metall sind, hab ich den Eindruck, dass sie mir mehr zuhören als meine Kollegen. Obwohl die Herzen der Statuen blechern sind, spüre ich ihr mitfühlendes Herz mehr als das all der coolen Leute, die ich in den Clubs und Bars in den letzten Jahren in Berlin kennenlernte.

Ich helfe beim Geschirr. Sie lassen mich Unkraut jäten und ich danke ihnen so sehr, dass ich ihnen Geld schenken darf. Nicht halb so viel wollen die Menschen da draußen von mir. Doch das Gefühl, dass mich die Buddhas sehen und dass mich heilsames Karma heilt, ist mir jeden Preis wert!

Arbeit und Sangha

Abends nach der Arbeit
Geh ich in die Sangha.
Abends nach der Arbeit
Bekämpfe ich den Stress.

Am Sonntag vor der Arbeit
Geh ich in die Sangha.
Sonntags vor der Arbeit
Heile ich mein Herz.

Jede Woche für Geld arbeiten.
Doch der Sanghabesuch ist wertvoller.
Jede Woche für Geld arbeiten.
Doch der Sanghabesuch ist heilsamer.

Gefangene der Welt.
Die Sangha ist überwältigend.
Gefangene der Welt.
Die Sangha führt in eine bessere Welt.

Morgens vor der Arbeit
Meditiere ich auf dem Kissen.
Morgens vor der Arbeit
Genieße ich mein kleines Paradies.

Flucht

Ich fliehe
Zu den drei Juwelen.

Sieh und höre:
Stress, Burn-Out
Und keinerlei Wertschätzung.
Davon hab ich genug,
Ich schwöre!

Ich fliehe in eine Welt
Der Weisheit und des Mitgefühls.
Ich fliehe in eine Welt
Heilender Meditation.
Ich fliehe in eine Welt
In der gutes Karma zählt.
Ich fliehe in eine Welt,
Die sich Sangha nennt!

Ein Ort ...

Ein Ort des Rückzugs.
Stress. Hektik.
Ellenbogenmentalität.

Ein Ort der Heilung.
Verlassen. Geext.
Einsam und vergessen.

Ein Ort der Erkenntnis.
Alte Texte voller Weisheit.
Wissen über den Heilungsweg.

Ein Ort der Verwandlung.
Bodhisattvaschwur. Zuflucht.
Echte Praxis.

Ein Ort der Zukunft.
Neu. Unsagbar neu. Nie bereut.
Ein Zuhause bis zum letzten Tag.

Gongrong

Klangschalenmeditation.

Am Anfang steht die Vibration
Des großen Gongs und
Eine alte Nonne schlägt
Einen hölzernen Fisch.

Im Raum wächst Glück,
Geboren aus der stillen Vibration
Einer heilsamen Aura.
Die magischen Schwingen
Der spirituellen Tiefen
Beginnen an meinen Füßen
Und erleuchten alles in mir.

Nur der Atem. Nur der Raum.
Nur die heilsame Leere
Aus karmischem Gewebe.
Und der alte Bodhibaum
Reicht uns dankend
Die leeren Hände.

Orte der Erinnerung

An einem Tisch
In dem Café gegenüber
Der Sangha, in der ich
Shantideva studierte.

Auf einem Konzert
Im wilden Kreuzberg
In dem Saal gegenüber,
Wo ich lange meditierte.

Die Graffitis im Park
In bunten Farben
Kurz hinter dem Tempel,
In dem ich Zuflucht nahm.

Die Tramhaltestelle
An der Kreuzung
Zur der Straße, wo ich
Erstmals intensiv praktizierte.

Orte der Erinnerung
An die Sanghas meines Lebens.
Der Ort in meinem Herzen
Verbunden mit den Bodhisattvas.

Berlin

Strahlender Sonnenschein.
Riesige Stadt.
Schwaben und Sachsen,
Aber es heißt Berlin.

Überall hier,
Aber nur wenn du gezielt
Suchst und schaust,
Findest du eine Sangha.

Gegenüber vom SO36
Findest du eine.
Nah beim Hauptbahnhof
War mal meine.

Im Wedding
Gibt´s einen Tempel
Und in Spandau
Eine mega coole Pagode.

Neues Berlin
Voll alter Weisheit.
Zu viele Depressive,
Die nicht meditieren gehen.

Freiheit kann glücken
Allein oder unter Millionen.
Glück kommt in kleinen Stücken
Auf dem Meditationskissen.

Der koreanische Mann

Ich hatte keine Kraft und wollte fliehen. Ich lief überall hin. Von Alkohol bis Punkrock war alles dabei. Es half zuerst, doch unbewusst nährte es den Schmerz und vor allem erzeugte es tief in mir einen Ozean aus Hass und Wut. Zu viele solcher Umwege trieben mich durch die Jahre und fast in den Suizid.

Dunkelheit und Gram kochte in mir während vieler Jahre. Keinen Zweifel ich hatte auch Spaß und feierte und küsste. Doch jede:r die mich besser kennenlernte, bemerkte diese Wut und den Druck in mir. Am Ende liefen sie entsetzt davon. Einsamkeit verbrannte nun mein Herz.

Irgendwann saß ich vor diesem kleinen koreanischen Mann. Aber ich sah ihn nicht lange an, denn wir drehten uns zur Wand. Also sah ich die Wand an und erkannte mein eigenes unterbewusstes Gewand aus Angst und Hass. Ich schnitt es ab viele tausend Mal, während ich meditierte. Dann kam es wie ein Wiedergeburt bei mir an und verwandelte mich in einen neuen, heilen Mann.

Sangha Karma

Wir leben,
Um zu geben.
Wir atmen
Gegen das Warten.

Der Kreislauf schwingt
Und Karma gewinnt.
Leere Mägen
Auf irdischen Wegen.

Leerer Geist
Im Dharmakleid.
Wahre Stunden
In der Sangha gefunden.

Endliche Sehnsucht
In der Glut.
Weniger leiden
Ohne Wut.

Ort der Rettung
Und Vergebung.
Sanghas Segen
Zum Erleben.

Nie wieder!

Nie wieder zurück.
Nie wieder!

Geld?
Wer Geld
Hat ist der Held
In ihrer Welt.

Dort zählt keine
Güte oder Mitgefühl.
Nur eisige Kälte
Und Zielstrebigkeit.

Ich streike!
Ich steige aus;
Oder besser: Ich steige
Um!

Kopf rasiert.
Orange an.
Welt aus.
Sangha an!

Ehrlicher Grund

Tür zu.
Welt vorbei.

Immer wenn ich die Sangha betrete, fühle ich den Rucksack
mit schweren Steinen abfallen. All die Pflichten, Rechnungen
und Termine fressen mich auf und sie erdrücken mich, denn
sie sind schwerer als Hinkelsteine.

Kissen aus dem Fach geholt,
Hingelegt und draufgesetzt.

Jedes mal wenn ich die ersten Atemzüge der Sitzung
wahrnehme, merke ich, wie verkrampft ich bin. Da ist ein
Panzer aus Emotionen und geistigen Verhärtungen, die ich da
draußen nicht spüre. Denn da draußen sind alle so.

Der Gong ertönt.
Gehmeditation.
Bewusstes Gehen.
Langsam und still.

Da draußen hetze ich von einem Termin zum nächsten.
Verpflichtungen stapeln sich höher als der Himalaya und die
finanziellen Unklarheiten erzeugen Sorgenfalten, die noch viel
tiefer reichen als der dunkle Marianengraben.

Einfach nur atmen
Und bei mir sein und
Nicht bei den Dingen
Da draußen.

Heilige Geister

Wach auf und
Erleuchte!
Sieh das Wahre.

Blindes Kind
Verweht im Wind
Der Welt.

Wirklich ist,
Was wirklich ist
Und nicht, was
Wirklich scheint.

Sei der Erleuchtungsgeist
Und befreit vom Leid
Der Unwissenheit.

Hass und Gier.
Die Welt der Tiere
Und Menschen,
Die gegeneinander
Kämpfen.

Rein und frei sei
Der geheilte Geist.

Beweis

Fast zwei Jahre nicht
Ordentlich
Buddhistisch meditiert,
Nur dieses Youtube Zeugs.
Dann mich
Nur ein paar Minuten hingesetzt
Und schon ist der Stress weg!

Es funktioniert
Wie Magie.
Es kreiert
Freiheit und Harmonie.

Ich will wieder in die Sangha gehen.
Corona hat es unterbrochen.
Aber ich will meine Freunde wiedersehen.
Ich will meditieren
Und Buddhas Befreiung fühlen.

Auswegraum

Ein Ort der Ruhe
In einer Welt der Hektik.

Eine stressfreie Insel
In einem chaotischen Ozean.

Ein Weg, der aus der
Materiellen Abhängigkeit führt.

Die Sangha ist das Refugium
Für die Heilssucher*.

Vertrau deinem Weltinnenraum,
Wie er heilt im Dharmatraum.

Nimm Buddhas Weg
Als Ausweg, aus
Dem scheiß Alltag
Der oberflächlichen Welt.

Raus

Jahre sind vergangen
Und ich vom Kummer gefangen.

Gequält hab ich mich
Wie ein elendes Kind.

Leiden ist,
Das ist gewiss.

Schmerz ist hart
Und ich zu zart.

Ich will hier raus
Aus dem Leidenshaus

Ich will frei sein
Und glücklich bleiben.

So fand ich die Sangha,
Die spirituelle Gemeinschaft.

Wo alle den Weg suchen,
Der aus dem Leiden führt.

Sonntagslicht

Lange Nächte
Und endlose Bäche
Tränen.

Der ewige Zweifel
Und die Hoffnungslosigkeit
Fressen meinen Geist.

Ich warte
Auf jeden Sonntag
In der Sangha.

Chinesische Frauen
Und der Altarraum
Mit den Buddhas.

Danach gibt´s Reis
Mit heißem
Gemüse und Gedanken,
Die kreisen.

Eine kleine Insel
Des Gewissens
Voller Herzensgüte
Und Mitgefühlen.

Zeitsangha

Deine Sinne
Voll Gewimmel.
Kein klarer Atemzug.
Nur Selbstbetrug.

Wenig Gefühl
Im hektischen Gewühl.
Treuebrüche
Durch die Süchte.

Ohrsausen
Von alkoholischen Brausen.
Gebärden
Sind gefährlich.

Hemmungen
In Wällen.
Wege im Gehege
Riesiger Großstädte.

Leid im Greinen.
Sei lieber frei
In der Sangha
Der Zeit.

Gebete

Wenn ich könnte,
Würde ich sie alle retten,
Aber ich kann nicht,
Also will ich für alle beten.

Jedes Wesen muss
Den Pfad allein gehen
Und die Wahrheit finden.

Jedes Wesen trägt
Die Buddhanatur;
Doch fast jedes Wesen schläft
In verblendeter (Un)Ruhe.

Ich kann sie
Nicht alle retten.
Deshalb will ich
In der Sangha beten.
Ich bete darum,
Dass sie alle bald
Den Dharma verstehen
Und die Wahrheit sehen,
Die ihr Leid heilt.

Morgenmeditation

Dunkler Raum.
Rauchschwaden schweben.
Morgentraum
Im Sanghanebel.

Der Gong ertönt
Mit geradem Rücken.
Die Meditation verwöhnt
Mit frischem Glück.

Das Kissen geformt
Im Herz der Backen.
Der Atem genormt
Mit meinen Gedanken.

Der harte Stockhieb
Für die müden Schultern.
Der Buddhas wahre Lieb
Will uns aufmuntern.

Leeres Meer

Während die Sterne
Am Horizont strahlen.
Nehme ich das Erbe
Meines Karmas an.

Jeder Mensch ist
Geboren aus Bedingungen.
Alle Bedingungen sind
Verblendete Verirrungen.

Leer ist das Meer
Des weltlichen Daseins.
Und viel mehr
Bietet der Sangha Hain.

Ein Ort der Stille
Geboren aus der Harmonie.
Es war Buddhas Wille
Und sein liebendes Mitgefühl.

Heile Leere

Auf dem Gemälde
Der Fluchtpunkt.
Im Leben
Die drei Juwelen.

Im Film der
Finale Höhepunkt.
Im Leben
Das höchste Erwachen.

Medien suggerieren
Und spiegeln.
Der Dharma enthüllt
Die Wahrheit.

Illusionen rauben
Grenzenloses Glück
Und geben es nicht zurück.
Doch die Wahrheit heilt
Und sie befreit vom Leid.

Begreif dein wahres Selbst
Und ergreif nicht, was nicht
Wirklich ist.
Atme ein. Atme aus.
Leer, heil und rein
Sollst du in der Sangha sein.

Glückliches Sein

Glücklichsein ist eine Entscheidung
Und ich entscheide mich fürs Glücklichsein.

Hab kein Bock auf den Stress im Büro und die Hektik
der Welt.

Hab keine Lust mehr, mich unnötig stressen zu lassen
von weltlichen Sachen.

Hab Lust auf Frieden. Hab Lust, dass die
Schmetterlinge fliegen. Hab Lust zu tanzen. Hab Lust
mit den Nonnen in der Sangha zu lachen.

Ich entscheide mich fürs Glücklichsein, denn ich will
glücklich sein.

geh!

Wenn alles über dir zusammenbricht:
Geh in die Sangha!

Wenn du schlimmsten Liebeskummer hast:
Geh in die Sangha!

Wenn die Welt scheint unterzugehen:
Geh in die Sangha!

Wenn ein Geliebter stirbt:
Geh in die Sangha.

Ich habe es getan und
Mich vor den Buddhas niedergeworfen.
Ich habe Zuflucht genommen
Und sie haben den Schmerz
Meines Herzens gelindert.

Saha

Winde wehen
In endloser Zeit.
Der Staub formt
Ein neues Weltenreich.

Karma fließt
Und ergießt sich
In lebende Geister.
Leiden sprießt
Als Kind der
Vergänglichkeit.

Weise wollen raus
Aus dem Weltengraus
Und sitzen still,
Während ihr Geist spinnt.

Baumwipfel an den
Hohen Berghängen.
Meditationsgipfel
In erleuchteten Klängen.

Qual

Dieser Gedanke brennt
Und er hemmt.
Geboren aus Erinnerungen
Und schmerzenden Windungen.

Sie waren hart
Und ich zu zart.
Sie waren fies
Und ich erlag.
Sie waren gemein,
Aber das schlimmste:
Ich ließ sie rein
In mein inneres Heim.

Ich ließ zu,
Dass sie mich quälten.
Ich ließ zu,
Dass sie mich weiter quälten.
Denn ich ließ
Sie in meinen Kopf rein
Und das darf nicht sein.

Ich muss mich befreien
Und sie rausschmeißen.
Denn ich will glücklich sein
Ohne diese geistigen Leiden.

Wahre Ansicht

Offene Ohren hören mehr,
Als was Münder sagen.

Wahre Augen sehen mehr,
Als was die Menschen ihnen zeigen.

Die Wahrheit liegt tiefer
Als die sechs Sinne.
Die Wahrheit ist größer
Als die Welt der sechs Sinne.
Die Wahrheit ist älter
Als die sechs Sinne.

Sieh und sieh dahinter.
Höre und höre die Tiefe.
Lerne wahrer zu sehen
Und mehr zu hören.
Gehe dazu in die Sangha
Und übe wahres Sehen.

Zen-Sangha

Treue
Ohne Reue.

Ein Ort
Ohne Worte.

Die Stille beginnt
Nach dem Gebimmel.

Der Atem
Lehrt das Warten.

Ein Kissen
Zum Gedanken ausschwitzen.

Und ein leeres Selbst
Jenseits der Welt.

Wahre Freunde

Heutzutage sind wir Fremde.
Wir haben tausend Freunde
Im Netz, doch eigentlich
Sind wir allein. Dabei
Kann es so einfach sein.
Denn die Sangha wartet.

In der Sangha knüpfst du
Neue Bande.
In der Sangha findest du
Neue Freunde.
In der Sangha brauchst du
Nichts außer dein wahres Selbst.
In der Sangha bist du
Jederzeit willkommen.

Morgengrund

Das Licht der Sonne bricht sich
Im Tau meiner Gedankentrauben.
Jung ist der Morgen
Und wiedergeboren mein Glauben.

Des Frühlings Grün sprießt
Und gießt mein Gewissen
Mit neuen Zielen, deren Sinn
Der Dharma bringt.

Blecherne Karossen rollen
Über die asphaltierten Straßen.
Sie tragen frisches Karma
In den Gedanken ihrer Insassen.

Ich sitz im Bus und nutz
Die Zeit, um für den Dharma bereit
Zu sein. Denn ich will mich
Aus dem Leiden für immer befreien.

Warten

Warten. Warten. Warten.
In allen Sparten.
In allen Leben
Und auf dem Sitzkissen.

Warten auf den letzten Tag.
Warten auf das Ende der Arbeit.
Warten auf das große Glück.
Warten auf das, was vor uns liegt
Ohne den Blick zurück.

Wir warten unser Leben lang
Und dieses Warten kann schmerzen
Und uns rauben die Nerven,
Wenn wir nicht in die Sangha gehen
Und grenzenlose Geduld lernen.

Wahre Orte

Drei Männer in einem Raum.
Jeder ist gefangen
In seinem eigenen Egotraum.

Wir sehen, was wir sehen,
Weil wir denken, wie wir denken.
Doch was wirklich ist,
Dass sehen wir nicht,
Denn Vorurteile versperren
Unsere Sicht.

Wo wollen wir wahres Sehen lernen?
Wo wollen wir die Fähigkeit erwerben,
Nur noch zu sehen, wie es wirklich ist?
Wo wollen wir uns nähren
An den wahren Lehren?

Es gibt einen Ort seit alter Zeit.
Auch von dir ist er nicht weit.
Dieser Ort heißt Sangha.
Er ist die Heimat des Dharma.
Du findest ihn in fast jeder Stadt,
Lauf nur die Straßen auf und ab,
Dann wirst du sie sehen.

Nur unser Atem

Immer nur der Atem,
Sagt der innere Zweifler.
Das ist nichts für die Harten
Oder jene die großes wagen,
Sagen die Kritiker.

Aber unser Atem
Ist immer da
Und unser Atem
Ist immer wahr.

Unser Atem begleitet
Uns auf allen Wegen.
Unser Atem geleitet
Uns durch jedes Abenteuer.

Ja, es ist nur unser Atem,
Aber er ist immer bei uns.
Ja, es ist nur unser Atem,
Aber er lässt uns nie im Stich.

In Buddhas Garten

Langsam zieht der Strom
An der Nasenspitze entlang.
Mit wacher Emotion
Spüre ich dem Empfinden nach.

Dunkel ist der Raum
Um meinen Meditationssitz.
Des Ich's Traum
Ist eine verführerische List.

Aber ich will erwachen
Und folge dem Atem.
Erleuchtet zu strahlen
Ist der Weg der Wahren.

Ein Zug frischer Luft
Rührt mein innerstes Wesen.
Mit ihm verpufft die Wut
Über unerledigte Dinge.

Sitze bis zum Letzten,
Denn Freiheit wartet.
Beten zu den Höchsten
In Buddhas Garten:
Mögen sie mich führen
Und mein Herz erlösen.

Sorgenfreier Fluss

Der Atemstrom
Fließt frei.
Er ist der Lohn
Harter Meditation.

Quälten dich vorher
Ängste und Sorgen.
Drangsalierten dich
Krasse Nöte,
So bringt der Atem
Die freie Morgenröte
Einer besseren Zeit.

Deshalb geh in die Sangha
Und lerne den Dharma.
Vertrau dem Buddha
Und sei du selbst
Ohne den Schmerz der Welt
Oder Angst vor zu wenig Geld.

Sei der Fluss deines Atems
Und wage das Wagnis
Eines glücklichen Lebens
Im meditativen Streben
Nach dem Nirvana
Des höchsten Lamas.

Stille

Die Stille heilt,
Während ich
In der Sangha verweile.

Die Wunden
Meines Herzens
Schießen endlose Schmerzen.

Die Sorgen borgen
Mir trübe Morgen
Und Gewitterwolken.

Die Angst
Knallt wie eine Wand
Und zerstört jeden Mut.

...und dann die Einsamkeit,
Die mich
von innen zerreißt.

Doch hier
Ruht Harmonie,
Während ich meditier.

Ohne

Träume platzen.
Knochen schmerzen.
Herzen brechen.

Harte Welt.
Nackte Realität.
Eiskalte Wirklichkeit.

Zwischen all dem Scheiß
Zahlen wir tapfer den Preis,
Um aufzusteigen und
Um auszusteigen aus dem Leiden.

Höher, immer höher.
Weiter, immer weiter.
Näher, immer näher
Dem Nirvana entgegen
Meditierend streben.

Ohne Ursachen.
Ohne Sorgen.
Ohne Leiden.
Ohne Inhärenz.

freie Tage

Sei frei
Und atme
Werde reich
Im Geist

Fühle
Das hier und jetzt
Zerschneide
Maras Netz

Im Raum
Der Sangha
Lebt der Traum
Des Nirwanas

Im Herzen
Der Bodhisattvas
Enden deine Schmerzen
Für immer

Sei bereit
Frei zu atmen
An all deinen Tagen
Im Sanghagarten

Mittendrin

In seinen Augen strahlen.
Mit seinen Lehren leben.
Mit seinem Herzen lieben.

Alles für den Buddha.
Alles für den Dharma.
Alles für die Sangha.

Lebenssinn und
Lebenszweck.
Alles steckt drin
Und ist perfekt.

Edle Aufgaben
Und große Ziele.
Das Nirvana und
Der heilige Weg.

Vierfach.
Achtfach.
Endlos.
Einer in drei
Und wir dabei.

Weise Reaktionen

Dinge sind so, wie sie sind.
Menschen sind so, wie sie sind,
Aber wie wir darauf reagieren,
Ist nicht vorherbestimmt.

Änder dich und deine
Welt ändert sich.
Denn deine Weltsicht bedingt,
Wie du auf die Welt reagierst.

Setz dich hin und meditier;
Erkenne, was denkt in dir.
Sieh, wie es formt und die Welt
Nach Mustern normt.

Schneide ab! Schneide durch!
Zerstör die verblendete Sicht
Des dualen Lichts.

Schneide ab! Schneide durch!
Überwinde die Angst
Mit Buddhas Licht.

Gura

In ihren Augen
Spiegelt sich
Mein wahres Licht.

Sie lehrt von
Einem hohen Sitz
Und spricht über
Den Dharma.

Ihre Worte sind alt,
Nur ihr Mund ist jung.
Über tausend Jahr,
Aber noch heute wahr.

Zwischen ihren Lippen
Kann ich mich finden.
Denn ihr Dharma kennt
Den Weg zum wahren Selbst.

In ihren Gesten
Ist wahres Leben.
In ihrem Lächeln
Buddhas Sätze.

Wahres sehen

Erst mit dem Herzen siehst du,
Was wirklich zählt.
Denn die Oberfläche ist nur eine Illusion.

Sieh durch Mayas Schleier hindurch
Und erkenne das wahre Wesen der Welt.

Was ist, ist, aber es ist nicht so,
Wie es scheint.

Falle auf den Schein rein
Und du wirst leiden.
Lerne besser wahres Sehen,
Dafür musst du in die Sangha gehen
Und den Pfad lernen.
Denn der Pfad beginnt
Mit wahrem Sehen.

Buddhas Lob

Lachen im Regen,
Weil die Meditation
Mir Flügel gibt,
Um auch im Unglück
Im Glück zu fliegen.

Klitschnass gestrahlt.
Frierend gelacht.
Trotz des Sonnenbrands
Wie eine Grinsekatze gebadet.

Wieder sitz ich hier
Neben ihnen.
Wieder üben wir,
Richtig zu atmen.
Wieder ergeben wir uns
Buddhas Sog,
Mit dem er die
Sangha großzog.

Immer

Immer noch tobt
Der Zorn in mir.
Immer noch
Bin ich das Opfer
Meiner Wut.

Immer noch wirkt
Hass und lenkt
Meine Aktionen.
Immer noch hemmt
Mich ungelenk
Die Unwissenheit.

Immer wieder
Gehe ich dorthin.
Immer wieder
Sitze ich dort
Am heiligen Ort.

Immer wieder
In der Sangha
Heile ich mein Karma.

Jenseits von Licht und Dunkelheit

Die Sonne scheint
Und die Welt lacht.
Menschen hören auf zu weinen
Und strahlen.

Die Welt ist schön
Und alle glücklich.
Ich könnte mich dran gewöhnen,
Doch in Samsara geht das nicht.

Berg folgt auf Tal.
Dunkelheit auf Licht
Und die ewige Qual
Führt die Inhärenz mit sich.

Doch da ist ein Pfad
Zu einem höheren Licht.
Er beendet alle Qual
Und macht jede:n glücklich.
Es ist das Licht der Buddhas
Und der Pfad des Dharma.
Er wartet auf dich
In der heiligen Sangha.

Nur das

Endlich wieder lachen
Und schöne Sachen machen.
Zu lange herrschten
Falsche Werte
In meinem Geist.

Erst Zuflucht genommen,
Dann dem Buddha geschworen,
Ein besserer Mensch zu werden,
Solange ich noch auf Erden.

Dann hingesetzt auf das Kissen,
Um meine Konzentration zu finden.
Den Atem an der Nasenspitze
Muss ich finden.

Nur atmen, ohne zu erwarten.
Nur sein, ohne etwas zu erreichen.
Einfach heilen von der Gier
Und zurückkehren zur Harmonie.

Leere Lehre

Eine leere Hand
Hat keine Angst.
Der leere Geist
Ist frei von Leid.

Gebunden an Dinge
Wird uns die Welt verschlingen.
Gefangen vom Hass
Werden wir erschlagen.

Tun, was man immer tut
Und leiden, wie man immer leidet,
Statt zu erwachen
Auf dem Pfad der Erwachten.

Lehre die Kinder
Die Leere dahinter.
Sieh durch die Schleier
Bis zum Befreien.

Wege im Dunklen.
Siddharthas Funkeln
Erstrahlte am Baum
Und beendete Samsaras
Falschen Albtraum.

Gedankendrachen

Der Kampf
Der Gedanken
Beim Meditieren.
Wilde Gedankendrachen
Speien Feuer und
Erinnerungsungeheuer
Brüllen furchtbar.

Nur der Atem
Und das Kissen
Im heiligen Raum.
Nur das Atmen
Und mein Gewissen
Im leeren Raum.

Während ich sitz,
Schwitz ich Gedanken.
Während ich atme,
Warten Erinnerungen.
Tausend kognitive Zutaten
Kochen ein geistiges Süppchen
Und machen mich fast verrückt.
Allein die Meditation schützt
Mich vor ihrem Wahn.

Refugium

Dein Anker
Im Leben
Während die Stürme
Toben

Deine Insel
Im Ozean des Leidens
Weicher Sandstrand
Unter der Hand

Dein Fels
In der Brandung
Denn das Wasser ist giftig
Von Gier und Hass

Deine Höhle
Fern der Stadt
In der Kälte und Hass
Grasen

Deine Sonne
Im dunklen Zwielicht
Der verblendeten
Unwissenheit

Weltlinge und Weise

Der Weltling denkt,
Es ist nur der Atem.
Der Weise weiß,
Um die Heiligkeit des Atmens.

Blind geht der Weltling
Durch die Welt.
Verstehend erkennt der Weise
Die Zusammenhänge.

Kalt reagiert der Weltling
Auf das Leiden der anderen,
Während der Weise ihnen
Aktiv Mitgefühl entgegenbringt.

Einsam rennt der Weltling
Durch die Welt.
Während der Weise immer
Nach der Sangha Ausschau hält.

Der Weltling lebt
Wie in einem Traum.
Der Weise öffnet
Seine Augen, um die
Heilige Wahrheit zu schauen.

Silas

Augen,
Die nicht sehen.
Münder
Mit sinnlosem Geschwätz.
Gehirne
Voller lasterhafter Gedanken.

Gaben des Karmas.
Verschwendete Ware.
Geschenke des Karmas
Aus einer vergangenen Ära.

Gesund ist dein Mund,
Dein Aug und dein Gehirn.
Verschwende es nicht.
Nutze deine Chance,
Gutes Karma zu sammeln.

Zu viele Narren heulen,
Wenn sie nach ihrer Narretei
Greinend weinen.

Wahre Werte

Atmen
Im Schmerz.
Denn im Dharma
Liegt der Wert
Wahren Heilens.

Leben
Mit Herz.
Denn die Sangha
Schafft den Wert
Wahren Mitgefühls.

Geld und wieder Geld,
Wollen die Menschen
Und danach schreit die Welt.

Wahre Werte
Mit der Kraft des Glücks
Kommen aus dem
Spirituellen Herzen.

Wahres Glück
Kommt aus wahrem Wert,
Der tiefer liegt
Als alles Geld der Welt.

Das Geschenk der Sangha

Welch großes Geschenk die Sangha ist.
Danken wir dem Buddha.
Danken wir dem Buddha durch unsere
Tugendhaftigkeit.

Gesegnete sind wir.
Beschenkte sind wir.
Glückliche sind wir.
Preisen wollen wir
Die Buddhas und Bodhisattvas.

Welch großes Geschenk die Sangha ist.
Ein Ort der Ruhe und Besinnlichkeit.
Ein Rückzugsort für alle Gestressten.
Die Heimat für alle Sinnsuchenden.

Danken wir den Buddhas!
Danken wir den Mönchen
Und danken wir den Nonnen.
Danken wir den Freiwilligen
Und danken wir uns,
Dass wir so weise sind,
In die Sangha zu gehen.

Sich ändern

Nie wieder Angst.
Nie wieder der innere Kampf
Gegen die Gespenster der Vergangenheit.

Ich will frei sein.
Ich will reifen
Und mich vom Leid befreien.

Ich lausche dem Dharmavortrag.
Ich höre von Buddhas Macht
Und der Größe seiner Weisheit.

Ich bin bereit, mich zu ändern,
Denn ich will mich nicht mehr ärgern
Über Kleinigkeiten.

Ich will neues lernen
Und Weisheit erwerben,
Denn ich will nicht unwissend sterben.

In der Sangha einen besseren Weg,
Dafür dient mir Buddha als Beleg,
Der weiß, wie es geht!

Diene mit Frieden ihnen

Warum allein sein?
Warum einsam leiden?

Gemeinsam scheinen!

Geh hin und öffne dich.
Die Welt will, dass du weinst.
Die Welt will, dass du dich
Zuhause einschließt und
Versuchst alles allein durchzustehen.
Die Welt liegt falsch.
Du bist nicht allein.
Du musst nicht einsam sein.
Die Sangha ist dein Heim.

Ja, du solltest dort helfen.
Ja, du solltest deinen Beitrag spenden.
Ja, du solltest die Sangha unterstützen.
Aber das ist ein Geschenk.
Denn wenn du dort hilfst,
Hilfst du dir selbst.
Wenn du dort mit aufbaust,
Baust du dich selbst auf.
Denn wenn du die Sangha unterstützt,
Schaffst du dir einen Ort,
Der dich wärmt und beschützt.

Neue Wege wählen

Atmen
Im stillen Herzen.
Atmen
Im Raum

Jenseits der Schmerzen.
Freie Wege
Streben in freien Herzen.
Gefangen von der Welt
Werden die Probleme wachsen.

Sitz im Kreis
Der Weisen und
Lass dich begleiten
In bessere Zeiten.

Lass los von einer Welt
Der Gier und des Geldes.
Lass los den Hass
Und tanke Kraft
In der Sangha.

Drinnen und draußen

Wieder hier.
Denn hier
Ist nicht getrennt
Von draußen
Und doch meine Zuflucht
Vor der Welt,
Die unbarmherzig dort draußen
Die Wesen quält.

Ich sah den Bettler
Und verwirrten Obdachlosen.
Ich sah die Fleischerei
Und den Brei der zerhackten Wesen.
Ich sah den Plastikmüll
Und spürte, wie er sich
In unsere Lebenskreisläufe frisst.
Ich sah den Krankenwagen
Schnell fahren und hoffte,
Dass er rechtzeitig ankam.

Kriege und Wirtschaftsblasen.
Dürre und andere Plagen.
Die Welt ist nicht gerecht.
Die Welt ist der Knecht
Von Gier und Hass.

Das wir in mir

Ich atme allein,
Denn zur Zeit
Kann ich nicht
In der Sangha sein.

Ich bin hier
Zwar allein,
Doch in Gedanken
Will ich bei meiner
Dharmafamilie sein.

Denn ich bin
Nicht allein
Auf dem Pfad des Buddha.
Ich wandere
Nicht allein
Auf dem achtfachen Pfad.

Wir sind
Gemeinsam.
Wir sind eine
Gemeinschaft.
Wir sind
Die Sangha.

Schutzraum

Heiliger Schutzraum
Im Lebensraum.
Heilige Küsse
In Buddhas Flüssen.

Der Guru spricht
Über das, was
Wichtig ist.
Der Guru nennt
Die Wege, die
Das Leiden beenden.

Die Freunde sitzen
Zusammen mit dir
Auf ihren Kissen.
Sie sind deine
Reisegefährten
Und spirituellen
Ankerketten.

Alter Schutzraum
Im lebendigen Traum.
Altes Kissen,
Um die Wahrheit
Zu küssen.

Sinn und Zweck

Triff Freunde
In der Sangha.

Stell dich deinem Leiden
In der Sangha.

Zu viele zögern und kriegen ihre Arsch nicht hoch,
um in die Sangha zu gehen. Aber Frust stresst und ist
hart. Eine Depression ist hart. Verlust ist hart. Ein
gebrochenes Herz ist hart. Die Sangha ist, weil eine
Gemeinschaft, die erkannt hat, dass jede:r Leiden in
sich trägt, einen Ausweg wählt aus dem Kreislauf des
Leidens. Das ist der einzige Zweck einer Sangha.
Glaubst du wirklich, es ist härter in die Sangha zu
gehen, als für den Rest deines Lebens weiter zu leiden
ohne Hoffnung auf einen Ausweg?

Kein Ort

Kein Ort
Ist Nirwana.
Kein Zustand
Ist Nirwana
Und doch ist
Die Sangha ein Tor
Ins Nirwana.

Leere
In Allem.
Auch wenn
Nichts gemacht
Aus Leerheit.

Wege ins
Wahre.
Ziele
Im Wahren.

Setz dich hin
Im Nirgendwo.
Atme das Leere
Und entwebe.

Tiefer

Aus den Tiefen
Unserer Seelen quälen
Uns alte verschüttete
Gedanken.
Sie sind da und
Werden da bleiben,
Wenn wir sie nicht
Meditierend vertreiben.

Unterschwellig.
Unbewusst.
Ungewollt.
Sie tun uns weh
Tag und Nacht.
Allein die Meditation
Hat die Macht,
Sie zu besiegen.

Geh in den Kurs
Und lerne zu atmen.
Geh in die Sangha
Und erwerbe die Gabe,
Tiefer zu gehen
Als dein bewusstes
Wesen.

Strom

Verloren
Im Strom
Der Gedanken

Gefangen
In qualvollen
Erinnerungen

Windungen
Im Geist speisen
Mein Herz
Aus längst
Vergessener Zeit

Zu viele wie ich
Sind Opfer
Ihres Denkens
Und kämpfen
Lebenslang mit
Unsichtbaren
Gespenstern

Einfach hingehen
und meditieren
Und den Strom des Denkens
Akzeptieren

Buddha Worte

Das Leben vergeht
Und Tod entsteht.
Doch Buddhas weises Auge sieht,
Wie selbst der Tod vergeht
Und zu neuem Leben führt.

Nicht kommt etwas
Einfach aus dem Nichts,
Das hat der Buddha gelehrt.
Nicht wird etwas
Zu einem ewigen Nichts,
Hat der Buddha gelehrt.

Weder ist dort Ewigkeit,
Noch entsteht Nichtsheit.
Aber leer, das sind die Wesen sehr.
Um zu verstehen,
Was er lehrte,
Gibt es viele hoch verehrte
Lehrer und Lehrerinnen.
Was wir tun müssen,
Ist in die Sangha gehen
Und zuhören.

Ganz einfach: tu es!

Geh hin oder
Setz dich wenigstens hin!

Glaubst du, ohne Mediation,
Kannst du dem Leid entfliehen?
Glaubst du, ohne Sammlung im Geist
Wirst du jemals frei sein?

Irre Narretei. Idiotie
Als super Maxime
Und Leid, welches sprießt
Bis ans Ende aller Zeit.

Es gibt einen Weg,
Der zur Befreiung führt.
Es gibt einen Pfad,
Der dir helfen kann.
Du musst ihn nicht gehen,
Rennen oder fliegen.
Es reicht, sich auf ein
Meditationskissen zu setzen.

Weltliche

Angst webt.
Kummer entsteht.
Sie glauben an die Welt
Und ihr Geld.
Doch der Preis
Dieses Glaubens ist Leiden.

Die Weltlinge hasten
Hinter tausend Sachen
Und verlernen das Lachen,
Denn Sorgen quälen,
Während sie ihr Geld zählen,
Weil alles zu teuer ist
Und nichts ihnen wahre Kraft gibt.

Lieber sitz ich in der Sangha
Und lerne den Dharma.
Draußen dreht sich die Welt
Und regelt alles mit Geld.
Doch hier drin
Gibt es größeren Gewinn,
Indem ich den Dharma lerne
Und die Weisheit erwerbe,
Die mich aus dem Leiden führt
In ein Leben voller Glück.

Erkenntnis

Beim Atmen erkannt,
Wie gebannt ich bin
Vom Strom verblendeter
Emotionen.

Kurz gesessen
Und den Strom gemessen
Und verfolgt, wie die
Gefühle entstehen.

Tief bis ins Innerste
Hinter das Schlimmste
Gesehen und erkannt,
Wie ich die Emotionen
Transformiere.

Jetzt glaube ich,
Dass ich nicht für immer
Das Opfer meines Unbewussten
Bin. Denn ich sah den Pfad.
Ich spürte, was dahinter ist
Und mir gelang die Heilung
Meiner falschen Meinung.

Die Probleme sprießen
Aus dem falschen Fließen
Meines Atemstroms. Denn
Während der Atem fließt,
Gebiert der Luftzug Meinungen
Und Gedanken, die verblendet sind.
Deshalb meditiere ich und heile mich
Von den unbewussten Prägungen
Meines inneren Wesens.

Sterben

Geboren in der Sangha.
Gestorben in der Sangha.
Beides im gleichen Moment
Auf dem Sitzkissen.

Stirbt das weltliche Ich,
Wird das wahre Spirituelle
Geboren.
Überwinden wir Hass und Gier
Öffnen sich uns die Tore.

Himmelsgleich wartet
Buddhas Reich.
Himmelsgleich erstreckt
Sich die Weite Nirvanas.

Sitz und lass alles los.
Denn mehr als alles,
Was du je dachtest,
Das ist oder sein wird,
Mehr als das, ist das,
Was dich erwartet, sobald
Du losgelassen hast.

Atemfluss

Langer Atem.
Freier Fluss.
Tauch ins Wahre
Des meditativen Glücks.

Auf deinem Kissen
Sitzend ins Nirvana blicken
Und vor den Statuen
Niederknien.

Auf deinem Kissen
Sitzend verlöschen
Ohne in die Welt
Zurückzukehren.

Der Atemfluss
Befreit von Lust
Und stumpfem Hass.
Der Atemfluss
Als reiner Genuss
Der Leerheit.

Hilfe ist unterwegs!

Gegen die Einsamkeit
Hilft die Sangha.

Gegen den Zweifel
Hilft die Sangha.

Gegen Liebeskummer
Hilft die Sangha.

Gegen die Angst
Hilft die Sangha.

Die Sangha hilft dir,
Zu erwachen.

Die Sangha hilft dir,
Dich selbst zu finden.

Die Sangha hilft dir,
Inneren Frieden zu finden.

Die Sangha hilft dir
Bei acht Schritten auf dem Pfad.

Wir

Die Kraft der Ruhe
Wächst mit geduldigem Tun.
Die Macht der Meditation
Ist der heilige Lohn.

Wir sitzen
Auf den alten Kissen
Und folgen dem Atem
Wie die Buddha-Jaden.

Wir knien und nehmen
Dreifache Zuflucht fürs Leben.
Wir spenden viel
Aus mitfühlender Liebe.

Wir danken der Sangha
Und lernen den Dharma.
Denn uns gab der Buddha
Erlösendes Karma.

Wir üben zu erwachen
Bis zur dreifachen Nachtwache.
Wir legen ab
Alle Gier und Hass.

Aufblühen

Die Sangha blüht
In meinem Herzen.
Die Sangha vertreibt
Alle weltlichen Schmerzen.

Weil ich annahm,
Konnte ich heilen.
Weil ich Zuflucht nahm,
Verstand ich mein Leiden.

In der Sangha fand
Ich mein neues Zuhaus.
Meiner Sangha dank
Ich für schöne Stunden.

Mehr noch dank
Ich dem heiligen Buddha.
Denn in seinem Dharma
Fand ich den wahren Pfad.

Wiedergeburtsrad

Wiedergeburtsfurten
Als Ziele endloser
Wiedergeburten.

Ein Zeitpunkt
Im dreitausendfachen
Weltensystem.

Ein Moment
Auf dem Sitzkissen
Zwischen den Zeiten.

Ein Atemstrom
Zerteilt gestern,
Heute und morgen.

Wiedergeburt reift
Im Laufe der Zeit
Außer bei Erwachten.

Wiedergeburt
Erschuf dein jetzt
Und erschafft dein
Zukünftiges Ich.

Weise Worte der Lehre

Weise Worte der Lehre
Inmitten der Sanghagruppe.

Im Angesicht von Buddhas Weisheit wächst unsere Freundschaft. Wir werden wahre spirituelle Freunde verbunden durch das Band des Dharma. Es sind neue Werte, die uns vereinen. Anders als in der Welt, wo nur Status und Geld zählt, verbindet uns die Kraft des Mitgefühls.

Weise Worte der Lehre
Inmitten meiner spirituellen Freunde.

Im Angesicht der Wahrheit Nirwanas lächeln wir meditierend auf dem Sitzkissen. Jede:r sitzt für sich und doch verbindet sich die Aura der Mediation zu einer reinigenden Kraft, die mit dem Tiefsten unseres Wesens spricht. Diese Kraft heilt uns von dem Schmerz, der uns so unsicher fühlen lässt. Sie gibt uns neuen Sinn und das Ziel eines neuen Pfades, der achtfach ist.

Tausendfach

Tausende Stunden
Im Raum der Buddhas.
Tausende Kunden
Aus dem Mund der Lehrerin.

Tausendfach gegangen,
Um zu beten.
Tausendfach gehofft,
Erleuchtung zu erleben.

Tausende Tage
Seit meiner Zuflucht.
Tausende Jahre
Im karmischen Strom.

Tausendfach meditiert,
Um zu verstehen.
Tausendfach gespendet,
Um Gutes zu geben.

Tausendfach geschworen,
Dem Dharma zu folgen.
Tausendfache Leben
Auf Bodhichittas Wegen.

Sammlung

Gesammelt in
Der Geduld der Ruhe.
Einspitzigkeit.

Tiefer Atem.
Weises Kleid.
Heilige Stätte.
Reich.

Gesammelt
Auf den Punkt.
Konzentriert.

Tiefer Atem.
Unabgelenkt.
Ein Punkt.
Geist.

Gesammelt
Auf das wahre Selbst.
Buddhanatur.

Tiefer Atem.
Davor und danach.
Leerheitspfad.

Sanghakraft

Buddhaschaft.
Erwachte Kraft.
Macht des Nirwana.

Buddhas Pfad
Ist achtfach.
Achtfach stark.

Die heilige Sangha
Heilt dein Karma
Durch Wahrheit.

Deine Sangha
Braucht deine Kraft,
Um zu wachsen.

Deine Sangha
Braucht dein Wissen,
Um sich zu schützen.

Du zählst
In der Sangha.
Dich braucht
Die Sangha.

Wohin? Dahin!

Harte Tage im Job.
Beziehungsfrust
Und Unglück.

Wohin?
Wohin?
Kannst du gehen,
Um den Problemen
Zu entkommen?

Du weißt,
Es ist die Sangha.
Du verstehst,
Es ist die Sangha.

Stell dich
Deinem leidenden Geist.
Stell dich
Deiner blinden Gier.
Stell dich
Deinen unerfüllten Wünschen.
Stell dich
All dem auf dem Kissen.

Sieh in dein Spiegelbild,
Während du meditierst.
Sieh in dein wahres Selbst,
Während du auf dem Kissen sitzt.
Erkenne, wer du wirklich bist
Und heile dich!

Heilige Orte

Heilige Orte
Sind selten
Auf der Erde.
Doch der Buddha
Zeigte Gnade und
Schenkte uns die Sangha.

Ein heiliger Ort
Der Einkehr.
Ein heiliger Ort
Der Ruhe.
Ein heiliger Ort
Zum Heilen.

Buddhas Heiligkeit
Macht die Sangha heilig.
Buddhas Weisheit
Gibt der Sangha Wahrhaftigkeit.
Buddhas Liebe
Verleiht der Sangha Flügel.

Auf der Erde sind
Heilige Ort selten,
Um so kostbarer ist
Das Geschenk der Sangha.

Buddhas Macht

Die Macht
Der Meditation
Übersteigt alle
Weltliche Kraft.

Somit ist die Sangha
Das Zentrum der Macht.
Denn Buddhas Kraft
Lehrt die Meditation.

In drei Nachtwachen
Ist er erwacht und
Erlangte die Macht,
Alles zu verstehen.

In der Pracht
Aller Erwachten
Sammeln wir uns
In der Sangha.

Im Anbetracht des Dharma
Reinigen wir unser Karma.
Denn der Weisheit Macht
Beendet alle Schmach,
Die vor vielen Leben
Über uns hereinbrach
Und führt uns heim
Ins Buddhareich.

Wiege der Sanghaliebe

Sanghaliebe
Sät neue Triebe.

Sanghatanz
Den ganzen Tag.

Sanghawiege
Ohne Begierde.

Am Sanghatag
Neu erwacht.

Was brauchst du mehr? Du kannst tausend stumpfen Begierden folgen. Zuerst versprechen sie dir das Paradies und geben dir sogar ein bisschen Glück; genau so viel, dass du ihnen treu bleibst. Doch je mehr die Gier wächst, desto mehr Samen des Leidens werden ausgesät. Das ist der Gier Gesetz. Willst du also frei sein von Leiden und dessen Stacheln, dann reiße aus alle Gier. Fließe frei von Gier und Neid und überwinde der Gier Leid.

Entleeren

Am Ende verweht,
Was jetzt besteht.
Nach dem Ende entsteht,
Was Karma jetzt webt.

Lerne in der Sangha.
Erkenne dein Karma.
Nimm an
Und erwache.

Ewig dreht der Kreisel.
Wahres erkennen Weise.
Alles vergeht und
Niemals nicht besteht
In einer inhärenten Weise.

Der Buddha stiftete
Mit reinem Gewissen
Die heilige Sangha.
Der Buddha lehrte
Als der hoch Verehrte,
Wie das Leiden vergeht.

Gutes tun

Hektik. Stress.
Unendliche Massen.
Kein klarer Gedanke.

Hier drin sitz ich
Und sammel mich.
Ich will Gutes tun
Und die Welt retten.
Ich will mich ausruhen
Vom Stress der Welt.

So schnell.
So laut. So chaotisch.

Draußen seh ich nichts,
Nicht mal mein wahres Ich.
Ich finde nicht den Weg,
Wie die Welt zu retten geht.

So sitz ich hier.
So atme ich. So verstehe ich,
Um besser zu helfen,
Um Gutes zu tun.

Geh!

Wenn dein Leben dich auffrisst
Und du einen Ort suchst,
Um auszuruhen, dann geh
In die Sangha.

Wenn du nicht mehr weiter weißt
Und dein ganzer Körper
Furchtbar schmerzt, dann geh
In die Sangha.

Wenn an deinem Himmel nur
Noch dunkle Wolken stehen
Und Gewitter grollen, dann geh
In die Sangha.

Wenn einer nach dem anderem stirbt
Und du dich mehr und mehr
Allein gelassen fühlst, dann geh
In die Sangha.

Wenn du keinen Ausweg siehst
Aus der Scheiße, in der du
Feststeckst, dann geh
In die Sangha und lern
Den Buddha-Dharma.

Anker

Verweht
Vom Weltenwind,
Solange du nicht
Zuflucht nimmst!

Ein sicherer Hafen.
Ein Fels in der Brandung.
Ein Himmelreich.
All das ist die Sangha.

Ein Refugium.
Eine Oase des Friedens.
Ein Ort der Stille.
Das und noch mehr
Ist die Sangha.

Du musst nie mehr
Allein sein.
Du musst dich nie mehr
Einsam fühlen.
Denn die Sangha ist da.

Die Sangha ist wahr.

Millionen

Millionen geben
Ihr ganzes Leben
Der Sangha.

Lohn erwartet
Die treuen Anwärter*.
Lohn erwartet
In Form von Karma.

Millionen glauben
An den Weg
Des Buddha.

Weisheit erwartet
Die treuen Anhänger.
Weisheit erwartet
Die alten Frauen.

Millionen folgen
Dem Pfad
Des Buddha-Dharma.

Erwachen erwartet
Die wahrhaft Übenden.
Erwachen wartet
Am Ende des Pfads.

Tugenden

Finde Liebe.
Wahre Liebe,
Nicht bloß
Sexuelle Triebe.

Finde Geborgenheit
Und heilende Nähe.
Wie fragst du?
Durch Tugenden,
Sage ich!

Tugenden leiten
In bessere Zeiten.
Tugenden heilen
Falsches Verhalten.

Geh hin und lern
In der Sangha.
Geh hin und erwerb
Den Dharma.
Geh hin und nimm
Die Silas.
Sieh zu, wie sich
Dein Leben verbessert.

Dankbar

Unendlich dankbar bin ich dir mein Buddha für das Geschenk der Sangha. Oft fing sie mich auf. Oft gab sie mir ein Heim, als ich sonst nichts mehr in der Welt fand, dem ich mich öffnen konnte.

Unendlich dankbar bin ich dir mein Buddha für das Geschenk des Dharma. Oft leuchtete er mir den Weg in der Dunkelheit. Oft führte er mich durch ein langes Labyrinth ans rettende Ufer.

Unendlich dankbar bin ich dir mein Buddha für die Entschlüsselung des Nirwana. Oft zogen Lehrer durch die Welt und lehrten vom Nirwana, ohne den wahren Pfad wirklich zu kennen. Oft fand ich nicht den Sinn im Nirwana, doch deine Lehre erhellte mich.

Unendlich dankbar bin ich dir mein Buddha für dein Geschenk. Oft suchte ich, bevor ich dich fand. Oft hoffte ich auf ein Vorbild, dass ich nie bereuen muss und das bist du.

Heimattempel

Leben,
Um zu geben.
Atmen und
Geduldig warten.

Lerne den Pfad
Am Sanghatag.
Nimm fünf Silas
Statt irgendwas.

Tugend siegt.
Hass verliert.
Gaben schenken.
Den Ahnen gedenken.

Im Tempel sein
Als zweitem Heim.
Buddha lieben
Und Leid aussieben.

Im Spiegelbild
Leere finden
Und sich selbst
Vom Karma erlösen.

Allzeit

Jede Woche oder
Jeden Tag?
Jede Woche hingehen.
Jeden Tag dran denken.
Jede Sekunde, sich mit
Der Sangha verbunden fühlen.

Jeden Augenblick
Strahlt das Buddhalicht.
Jeden Moment
Fließt der Dharma.
Jeder Atemzug
Ist Nirwana.

Jederzeit und
Überall.
In diesem und
Den kommenden Leben.
Immer Zuflucht nehmen,
Selbst nach dem Erwachen.

Parinirvana.
Leeres Karma.
Leerer Leib.
Jenseits der
Unendlichkeit.

Über den Autor:

Niemand lauschte
dem Nirgendwo
und erlangte Nichts